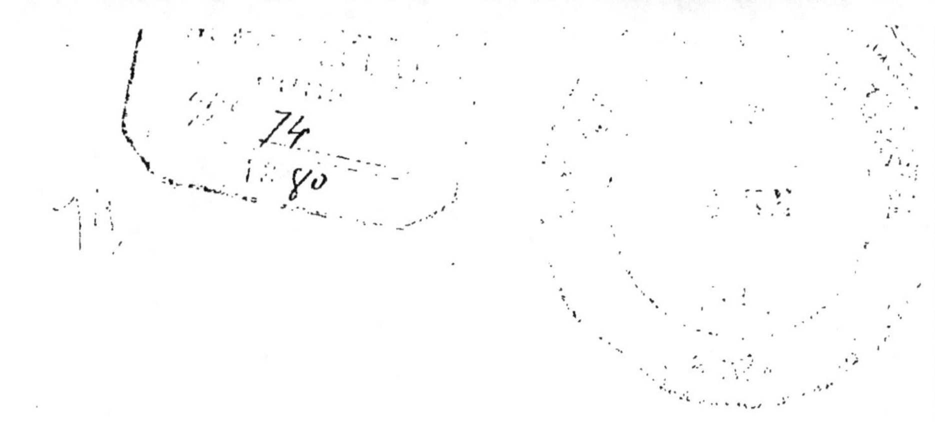

DON JUAN CALDERON

DON JUAN CALDERON

SA VIE

ÉCRITE PAR LUI-MÊME

SUIVIE DE

COURTES NOTICES SUR QUATRE CHRÉTIENS ESPAGNOLS
ET SUR L'ÉVANGÉLISATION DE L'ESPAGNE

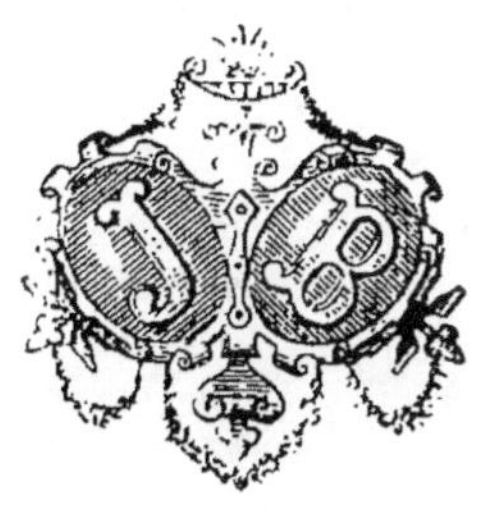

PARIS
J. BONHOURE ET Cᵉ
48, RUE DE LILLE, 48

LAUSANNE
HENRI MIGNOT
7, PRÉ-DU-MARCHÉ, 7

1880

PRÉFACE

La Réforme a eu en Espagne une mystérieuse des-
tinée. Au XVIe siècle, elle apparaît d'abord glorieuse,
entourée du prestige que donnent la science et le ta-
lent. A la cour et parmi les membres du clergé, la
Parole de Dieu était lue et reçue avec joie.

Pendant que la persécution sévissait en France, on
pouvait dire : « Quelques jours encore, et l'Espagne
entière sera protestante. » Mais tout à coup l'Inqui-
sition se lève. Elle n'épargne pas plus les femmes
jeunes et vertueuses que les prêtres ; elle est sans
pitié pour tous ceux qu'elle appelle des hérétiques
obstinés ! Le feu des bûchers consume les martyrs,
et les cachots étouffent leur voix. Jamais on ne vit

une aussi violente compression de la vérité et de la liberté. Les ouvrages les plus précieux des Réformateurs sont détruits, aussi bien que la Bible elle-même. Et bientôt le silence se fait, un silence qui a duré trois siècles ; et à mesure que la pensée et la parole sont proscrites, on voit s'abaisser le niveau de la prospérité publique et l'influence politique de l'Espagne...

Et maintenant qu'elle se sent revivre au contact des nations affranchies, ses provinces méridionales s'ouvrent à la diffusion de la vérité. Des ouvriers obscurs mais fidèles vont de ville en ville répandre la Parole de Dieu ; et quand on a pu revendiquer les droits de la conscience, on a vu surgir, dans un grand nombre de cités, des Églises dont la foi rappelle celle des confesseurs du XVIe *siècle. Toutefois, ce n'est plus dans la haute société, c'est dans le peuple que l'Evangile pénètre aujourd'hui. Les nouvelles Églises ne sont composées, ni de beaucoup de sages, ni de beaucoup de puissants (I Cor.* I, **26**)*, mais de personnes qui ont senti leur misère et qui soupirent après la vérité, la paix et la vraie sainteté. Aussi la Réforme se heurte-t-elle à des difficultés d'un autre genre : à l'opposition des autorités civiles qui n'ont* pas compris le respect dû à la liberté de conscience, à l'incrédulité naturelle du cœur humain, et surtout à des habitudes superstitieuses contractées dès l'enfance. L'histoire des pionniers de l'Evangile, dans notre temps, si elle était mieux connue, nous découvrirait la lutte que se livrent, dans des âmes honnêtes et sincères, les passions et les préjugés, en même temps que la victoire remportée par le bon sens et par la foi en la Parole de Dieu. L'histoire de l'un de ces pionniers, de Don Juan Calderon, en est un exemple. Nous la tenons de lui-même. Un dimanche de l'année 1828, à Bayonne, quelques amis avaient médité ensemble la Parole de Dieu, lorsque l'un d'eux, le pasteur H. Pyt, dont le Seigneur s'était servi pour amener Calderon à la vérité, lui dit: « Nous avons aujourd'hui du temps devant nous ; pourquoi ne nous raconteriez-vous pas quelques souvenirs de votre vie ? ils seraient pour nous pleins d'intérêt. » Calderon acquiesça volontiers à ce désir.

Peu de temps après, sur une nouvelle requête de M. Pyt, il retraça et compléta ce récit dans une lettre qui lui fut rendue à la mort de cet ami et qu'il confia plus tard à M. Wiffen, en lui faisant connaître, dans une seconde lettre, les événements survenus *depuis lors dans le cours de son existence, et en l'autorisant à en faire tel usage qu'il jugerait à propos. Ces deux lettres furent publiées en espagnol en 1855 par un ami de M. Wiffen, par Don Luis de Usoz i Rio, l'éminent et généreux éditeur des ouvrages des Réformateurs espagnols au XVI° siècle, dans le but de réfuter les calomnies répandues par un journal contre Calderon. Un résumé de ces lettres, auquel nous avons ajouté quelques épisodes communiqués par sa femme, et dont son fils M. Calderon [1], peintre distingué, a autorisé la publication, nous a paru de nature à intéresser le lecteur français, à montrer comment la lumière se lève dans les ténèbres sur tous ceux qui sont droits (Ps. CXII, 4), et à encourager tous ceux qui travaillent avec prière, avec humilité et persévérance, à l'avancement du règne de Dieu.*

« Lorsque les ouvrages de Calderon seront connus, dit Don Luis de Usoz i Rio en 1855, leur auteur apparaîtra comme un des témoins qui, dans une mystérieuse et incessante prédication, réclament la liberté religieuse en Espagne. Un pays qui, de nos jours, repousse de son sein des hommes tels que

---

[1] M. Calderon, dont on a admiré les œuvres à l'Exposition universelle de 1878, est membre de l'Académie des Beaux Arts de Londres.

Calderon, et qui repoussa autrefois Perez, Montes, Reina, Enzinas, Diaz, Valera, et tant d'autres, pour le seul motif qu'ils ne veulent pas se prêter à l'hypocrisie ou à la superstition, ce pays doit s'attendre, s'il ne revient pas à lui, à être déchiré comme une proie par l'indifférentisme et par le fanatisme les plus repoussants et les plus désastreux. Qu'ils y pensent, ceux qui aiment l'Espagne et qui désirent la voir prospère et vraiment religieuse. » Don Luis, appelé dans le repos en 1868, n'a pas vu la révolution qui a ouvert les portes de l'Espagne à la circulation des saintes Écritures; néanmoins, cet avertissement solennel est bon à retenir par tous les hommes et dans tous les pays.

J. Nogaret.

Bayonne, le 24 Mai 1880.

DON JUAN CALDERON

I

AUTOBIOGRAPHIE

Bayonne, 1828.

L'Evangile est la puissance de Dieu pour le salut des âmes. Si les preuves de cette vérité me faisaient défaut, j'en trouverais une irréfutable dans le fait que je me sens la force de vous exposer le triste état religieux dans lequel je vivais avant d'être parvenu à la connaissance de la vérité. Cette confession, qui eût autrefois paru très-difficile à mon amour-propre, me sera facile aujourd'hui, si je puis espérer qu'il en résultera quelque bien pour mes frères en Jésus-Christ, ou quelque encouragement de plus à glorifier le Sauveur qui sait retirer le pécheur du plus profond de l'abîme.

Je suis né au centre de l'Espagne, à Villafranca de los Caballeros, dans la province de la Manche, le 19 avril 1791. Mon père y exerçait la profession de médecin. J'avais à peu près deux ans, lorsqu'il fut appelé à Yvenes, autre ville de la même province dont les habitants s'étaient entendus pour faire venir un bon docteur et lui offraient de beaux appointements. Arrivé si jeune dans cette ville, je la considère presque comme ma patrie. Mes parents appartenaient à l'Église romaine, et ils m'élevèrent dans les dogmes qu'elle professe.

Jusqu'à l'âge de onze ans je ne reçus qu'une instruction primaire ordinaire ; j'appris par cœur le catéchisme, et je le récitais aux heures voulues, mais sans que mon cœur en fût touché. C'était une tâche qu'il me fallait remplir, et rien de plus. Ce fut à cette époque que l'on me prépara, par la confession, à la première communion qui en est la suite. On m'avertit que, si je confessais tout ce que je pensais être un péché, le confesseur m'absoudrait, et que je serais ensuite pardonné, absolument comme si Dieu devait accepter le jugement du confesseur et ratifier son pardon.

Quoique bien jeune encore, l'opinion des hommes exerçait un grand empire sur moi : il s'élevait bien dans mon esprit quelques doutes sur la valeur réelle de cette confession, et j'éprouvais une répugnance presque insurmontable à en accepter les conditions et les conséquences, telles qu'on me les représentait.

Cependant, ayant toujours entendu traiter de misérables ceux qui laissaient voir de pareils sentiments, je ne dis rien, et je me confessai. Je ne dévoilai pourtant au confesseur que ce qui pouvait être avoué sans que mon amour-propre en souffrît, et l'on peut se représenter de quel peu de valeur était un acte religieux de cette nature.

J'accompagnais souvent mon père dans ses visites aux malades. Sa conversation et la lecture de livres de sa bibliothèque contribuèrent à développer chez moi le besoin d'examiner et de réfléchir. Souvent, au retour de nos visites, je racontais à ma mère les mille superstitions dont j'avais été témoin ; et pendant son absence, mon père et moi ne manquions pas d'avoir quelque discussion tantôt sur un sujet, tantôt sur un autre.

Un matin, ma bonne mère rentra toute pâle en s'écriant : — « Juan, oh ! Juan, je suis si émue, que je ne sais vraiment comment vous raconter le miracle dont j'ai été témoin. Ne souriez pas, mon fils : votre disposition à l'incrédulité me fait mal. »

Mon père, après l'avoir calmée, lui dit avec douceur. « Parle-nous maintenant de ton miracle. — Vous connaissez le Père Antonio ? Le saint homme disait la messe en présence d'environ douze personnes... Il venait d'élever le calice, quand, à notre grande surprise, il crie d'une voix intelligible : « Thomas ! Thomas ! je vous ordonne, de la part de Dieu, de jeter là vos béquilles et de rentrer chez vous en rendant grâce à Dieu ! » Nous tournons la tête, et nous voyons Thomas se lever et s'éloigner en récitant à haute voix son chapelet. A la vue de ce grand miracle, nous sommes restées en extase tandis que le prêtre continuait sa messe, comme s'il eût fait la chose la plus simple du monde. J'étais tellement hors de moi, que je ne sais comment je suis arrivée jusqu'ici. »

Mon père me regardant : — « Quel malheur pour notre pays, dit-il, qu'il s'y trouve des gens qui, de bonne foi peut-être, croient servir la religion, tandis qu'ils la défigurent par leurs mensonges ! Ils finiront par la rendre méconnaissable. N'est-ce pas comme cette croix que des missionnaires avaient plantée sur une hauteur, près de la mer ? Vers le soir, tout le monde s'y rendait pour prier ; et puis, on la couvrait d'herbe, de papier, de tout ce qui tombait sous la main, au point qu'elle n'est plus maintenant qu'un amas informe devant lequel, le soir, on continue à venir se prosterner... Et voilà comment, en Espagne, nous contractons et conservons des habitudes religieuses auxquelles nous ne comprenons rien. »

Ma mère, revenue de son émotion, avait écouté attentivement le récit de mon père, qui, se tournant vers elle, ajouta : — « Voilà l'usage qu'on fait de la religion que Dieu a donnée aux hommes pour leur montrer le chemin du ciel. Tu as vu, Juana, vu de tes yeux, la guérison de Thomas opérée par un miracle.

Il est naturel que toutes les personnes présentes y croient comme toi, et que le père Antonio, ce saint homme, parvenu à un plus haut degré de sainteté, vous fasse accepter les plus grandes absurdités. Laisse-moi te raconter maintenant comment a eu lieu cette guérison. Il y a six mois, Thomas était tout à fait perclus de rhumatismes. Avec du temps et des soins, il fut en état de se lever, et, grâce à la bonne sœur Juanita qui lui procura des béquilles, il put se promener tous les jours et assister à la messe du saint homme Antonio. J'ai continué à le visiter; et comme, depuis un mois environ, il se trouve revenu à son état normal, je lui ai conseillé de laisser là ses béquilles. et de reprendre ses travaux; et j'ai cessé de le voir. Pendant ces six mois de maladie, des personnes charitables lui venaient en aide. Il s'est habitué à vivre d'aumônes, ses béquilles lui étaient chères. Le renom de sainteté n'était pas moins cher au Père Antonio. Un petit miracle ne pouvait qu'augmenter la réputation de sainteté de l'un, accroître l'intérêt que l'on portait à l'autre, et développer le prestige de la religion dans la ville... Et voilà comment, ma chère femme, les choses se pratiquent dans notre pauvre Espagne. Quant à toi, mon fils, si tu es souvent témoin de semblables impostures, je crains bien que tu ne me forces à te donner raison dans nos petites discussions. »

Quelque temps après, mon frère, qui devait être prêtre, mourut; et, pour plaire à ma mère, je renonçai à l'étude de la médecine. A l'âge de quinze ans, le 19 avril 1806, j'entrai dans un ordre religieux, dans le couvent des frères observants de San Francisco, de la ville de Alcazar de San Juan. Deux raisons me poussèrent à cette démarche : la première, c'est que, en entrant dans les ordres, je devais hériter un bénéfice dont disposait une de mes parentes éloignées ; la seconde, qui me touchait le plus, c'est que j'entrevoyais dans cet acte la possibilité de me livrer sans partage à l'étude qui, dès l'âge le plus tendre, avait été ma passion dominante.

Je considérais alors les ordres religieux comme des corps scientifiques, dont la vraie mission devait être l'enseignement. Dans notre ville, par exemple, il n'y avait point d'autres maîtres que des religieux ; et s'il était question de quelque auteur ou de quelque savant, c'était toujours tel ou tel frère. A mon âge, des raisons de ce genre étaient toutes puissantes, et j'étais absolument persuadé que ceux qui aimaient l'étude devaient fatalement appartenir à ces corps religieux. Cette appréciation me fit perdre de vue le côté religieux. Les frères m'apprirent leurs réglements et leurs statuts, que je ne considérai que comme une des conditions de leur institution, comme la règle à laquelle ils avaient soumis leur vie ; et je les acceptai ! Le vœu de *célibat*, en raison de mon âge, ne me présentait aucune difficulté ; celui de *pauvreté* me parut fort admissible, étant donnée la richesse de la plupart des couvents ; celui *d'obéissance*,

je ne le crus pas pénible, car je supposais que tout
ce qui était ordonné dans les corporations religieuses
devait être juste et raisonnable. Aussi, en me vouant
à la vie monastique, je pensais ne me consacrer
qu'à l'étude.

Cependant, deux années plus tard, mon sens moral
se développa sensiblement. Je me prenais en pitié,
et je me trouvais vis-à-vis de moi-même dans l'em-
barras que j'aurais éprouvé en présence de quelqu'un qui aurait connu mon véritable état d'âme.
« Je sais bien, me disais-je, qu'il est mal de mentir :
pourquoi donc est-ce que je parais croire ce que je
ne crois pas ? Pourquoi fais-je semblant de me confesser, sans me confesser en réalité ? Je suis un
homme vil, un hypocrite ; je n'ai ni honneur, ni
probité, ni vertu. Mais, si je l'avouais, comment
affronter l'opinion ? comment souffrir le mépris ?
comment accepter d'être tenu pour un misérable ? »
Sois mille fois bénie, adorable Providence, Misé-
ricorde infinie, qui, dans tes insondables desseins,
marquais déjà le jour où la connaissance de Jésus-
Christ me rendrait tout facile !

Lorsque cette lutte commença en moi, j'étais
déjà lié par des vœux monastiques et j'étudiais la
philosophie. Ce fut alors que, pour la première fois,
je me sentis malheureux. Ce malheur ne consistait
pas dans l'obligation de remplir les devoirs de la vie
religieuse, car ils ne me paraissaient pas pénibles ;
mais comme je ne les croyais pas efficaces, je ne m'y

conformais que par contrainte. Ce qui m'était le plus insupportable, c'était l'impossibilité où je me trouvais de concilier la droiture la plus élémentaire avec l'hypocrisie de ma conduite.

Il me fallait à toute force sortir d'un état aussi violent. La philosophie vint à mon aide et m'inspira quelques-uns de ces remèdes perfides qui soulagent un moment les souffrances d'un cœur corrompu. Voici quel fut mon raisonnement : « Je me dois tout entier à la société dans laquelle je vis ; comme tous les membres qui la composent, je dois faire concourir toutes mes actions au bien de tous. A qui profiterait une conduite différente de celle que je tiens ? A supposer que le petit nombre des amis de mon âge sur lesquels je pourrais avoir quelque influence se laissassent convaincre par mes arguments, et qu'ils devinssent incrédules, qu'aurais-je à leur offrir au lieu de leur religion, bonne ou mauvaise, pour les maintenir dans la pratique du devoir ? La manifestation de mes sentiments ne produirait que le désordre. Et si ma déclaration n'a aucune influence salutaire, même sur ce petit nombre, à quoi me servira le sacrifice que je vais faire de ma réputation ? » Ce fut ainsi que je ne me crus pas obligé à une démarche qui ne devait amener qu'un résultat nuisible ou nul, et que je crus pouvoir continuer tranquillement mon genre de vie habituel.

Grâce à ce raisonnement, je me sentis soulagé pendant un certain temps, mais je m'aperçus bientôt

u'il ne me satisfaisait plus : j'éprouvais chaque
our un plus pressant besoin de faire connaître ma
manière de voir, et de mettre ma conduite extérieure
l'accord avec mes croyances. Je me décidai enfin à
parler, et cela me délivra d'un grand poids.

Ce fut d'abord à mes condisciples que je fis connaî-
re mes doutes sur la confession et sur nos pratiques
monastiques, que je qualifiais de vaines, de superstitieuses et de nuisibles. Après leur avoir ainsi
ouvert mon cœur, je m'aperçus, à ma grande surprise, que tous se trouvaient plus ou moins dans
le même cas que moi. Mes supérieurs, prélats et
professeurs, ne tardèrent pas non plus à être instruits
de mes idées ; mais, à mon grand étonnement aussi,
ils ne m'adressèrent aucune réprimande sérieuse.
Quelques-uns me firent amicalement des reproches,
mais seulement sur l'imprudence que j'avais com-
mise en parlant. Et si quelqu'autre membre de la
communauté plus âgé que moi m'interpellait à ce
sujet, il s'exprimait de telle façon qu'il ne m'était pas
possible de démêler s'il partageait mes opinions, ou
s'il y était contraire.

L'Inquisition ne faisait plus parler d'elle à cette
époque, en Espagne. Ayant depuis longtemps régné
en maîtresse absolue, elle croyait pouvoir se per-
mettre de dédaigner des ennemis insignifiants tels
que moi. Les supérieurs des couvents étaient
d'ailleurs habitués à observer des sentiments d'incrédulité chez la plupart des jeunes gens qui étu-

diaient la philosophie ou la théologie ; et l'univer
salité du mal le faisait supporter au moins jusqu'a
moment où l'âge des étudiants et leur enseignemer
direct risquaient d'exercer une influence pernicieus
sur le peuple. Le plus souvent, ces jeunes gens, cor
vaincus qu'il leur était fatalement impossible de n
pas dissimuler, finissaient par accepter cette nécessité
J'en ai connu cependant qui se sont enfuis de leu
couvent, pleins de dégoût et d'horreur, choisissan
l'opprobre et le mépris plutôt que d'étouffer la voi
de leur conscience.

Mes déclarations n'eurent donc aucune consé
quence fâcheuse pour moi : au contraire, elles sou
lagèrent mon cœur angoissé, et je pus continuer l:
pratique extérieure de mes devoirs religieux, san
éprouver au même degré le sentiment que je m
rendais coupable de duplicité, puisque j'avais fai
connaître ce que je pensais. J'affirmais du reste chaqu
jour ma manière de voir, en m'abstenant avec soir
de toute pratique qui n'était pas absolument indispensable.

A cette époque, je croyais en un Dieu, principe
de toutes choses, rémunérateur des bons et juge
des méchants. J'appelais *bons* ceux qui obéissaien
à sa loi sainte, et *méchants* ceux qui n'y obéissaien
pas. Je croyais en Jésus-Christ, Fils de Dieu et Dieu
même ; je croyais qu'il était venu au monde pour
enseigner et expliquer la loi de Dieu ; qu'il s'était
formé alors une société d'hommes qui avaient cru à

a parole et qui continuaient à y croire ; que l'on
evenait membre de cette société par le baptême,
t que c'étaient ces hommes-là qui portaient le nom
e chrétiens. Cette foi, je ne l'avais pas puisée dans
'Évangile, car je ne savais pas alors qu'il y eût un
utre Évangile que celui que l'on chante à la messe.
e ne l'avais pas adoptée non plus parce qu'on
ne l'avait enseignée, car l'enseignement de mes
rofesseurs manquait d'autorité pour moi ; mais je
royais ces différents points, parce qu'ils me pa-
aissaient raisonnables en eux-mêmes, et que les
ier m'eût paru téméraire.

Bientôt j'en vins à ne plus posséder même ce
egré de foi. J'avais alors dix-neuf ans ; j'achevais
nes études de philosophie ; et n'ayant pas encore
ait le dernier pas pour entrer dans un ordre ecclé-
iastique, je pouvais quitter le couvent sans attirer
ur moi le mépris.

L'Espagne était, à cette époque, occupée par les
roupes de l'empereur Napoléon, et je fus appelé à
servir dans l'armée envoyée contre lui. Ce fut pour
noi un heureux événement : je me vis libre de
chaînes que je croyais injustes et tyranniques, et
naître de me conduire suivant mes idées, le
grand point d'où je faisais dépendre tout mon repos.

Un frère de ma mère, colonel d'un régiment,
m'ayant fait son secrétaire, j'eus beaucoup de temps à
moi : je pus me livrer à divers travaux, et entr'autres

à l'étude du français, qui devait m'être plus tard si nécessaire.

Mon indépendance d'esprit s'était encore augmentée par l'étude de la philosophie, et mes dernières croyances m'abandonnaient peu à peu. Ai-je bien examiné mes articles de foi? me disais-je; ou les ai-je admis sans examens? Ne suis-je pas victime d'une erreur? Qu'est-ce qu'un Dieu fait homme? un Dieu mort sur une croix? Et bientôt, laissant ce dogme-là, je restai face à face avec Dieu seul. « Fais cela et tu vivras! » me semblait-il l'entendre dire ; et je voyais Dieu, l'Ordonnateur suprême de tout ce qui existe, donnant sa loi à des créatures raisonnables, qui peuvent l'accomplir ou y contrevenir, heureuses si elles obéissent. Ainsi tout mon système religieux se trouvait réduit à cette seule idée, que la loi du Législateur suprême est naturellement gravée dans le cœur de l'homme. Ma conduite n'en fut du reste pas changée et elle fut toujours d'accord avec ce que le monde approuve.

Cependant l'état de mon esprit était des plus pénibles, et il eût même été insupportable, sans le mouvement de la vie militaire, les distractions qu'offre le monde, l'indifférence naturelle au cœur de l'homme, et je ne sais quelle espérance vague, inhérente à la nature humaine, d'une amélioration future.

Je parvins ainsi à ma vingt-quatrième année, la quinzième du siècle. La marche des événements avait obligé les troupes françaises à évacuer la pé-

sule : le gouvernement espagnol avait changé,
e clergé avait repris toute son ancienne influence.
supérieurs des ordres religieux réclamèrent ceux
avaient appartenu à leurs corporations, et le
vernement les leur livra, menaçant des peines
plus sévères ceux qui ne regagneraient pas leurs
vents dans un temps donné.
me vint à la pensée de m'expatrier, plutôt que
etourner à un genre de vie qui me répugnait ;
s je ne sus pas trouver en moi assez d'énergie
r résister aux instances de ma famille, et pour
décider à entreprendre un voyage sans direction,
s but, et rendu plus pénible encore par mon
nque de ressources. Je retournai dans mon cou-
t, où l'on n'eut plus d'autre pensée que de me
e étudier la théologie et entrer dans les ordres.
t cela se fit en très peu de temps. J'en étais
u à ne considérer la charge de prêtre que comme
profession quelconque, où, servant le public
ne certaine manière, on pouvait mener une vie
norable. Je me persuadai que tous mes condisci-
s partageaient cette opinion, vu que les maîtres
mes qui me préparaient à recevoir l'ordination
naissaient ma complète incrédulité.
'est ainsi qu'on me fit prêtre, et bientôt après,
avec la même facilité, prédicateur, confesseur et
fesseur de philosophie. Cependant je dois avouer
ces charges me paraissaient fort lourdes, et
e, en dépit de tous mes raisonnements, je ne

pouvais que difficilement calmer le trouble de mon cœur. Pour y parvenir, je continuais à alléger sans cesse le bagage de mes croyances, et il ne me resta bientôt plus que l'idée d'un Dieu, principe d'un univers qu'il régit par des lois générales, mais qui ne s'abaisse pas jusqu'aux affaires de l'homme et ne s'en mêle pas, parce qu'elles sont indignes de sa grandeur ; et j'en vins à croire que tout ce qui me concernait était aussi étranger à cet Être suprême que le travail d'une fourmi l'est au Grand Turc, comme l'a dit un philosophe.

Y a-t-il loin de là à l'athéisme? Je ne le pense pas ; et si l'idée de la Substance unique de Spinosa, ou de l'Univers-Dieu de Dupuis s'offre à celui qui en est réduit à de tels sentiments, il deviendra bientôt un athée consommé. Avec de telles opinions, tout est indifférent ; car puisque tout arrive par l'effet d'une nécessité aveugle et inévitable, l'homme n'a pas plus à rendre compte de sa conduite, que la roue d'un moulin des tours qu'elle fait.

Ces idées adoptées, j'y vis un rayon de consolation : personne ne me demandera compte de ma vie ; je n'ai qu'à m'acquitter de mon rôle en ce monde d'une manière conforme à mon intérêt, tout en respectant celui d'autrui ; avec cela, je serai un bon citoyen, et je ne puis être appelé à être autre chose.

Toutefois, ai-je besoin de vous le dire? j'éprouvais encore une vague incertitude, un doute que je ne

vais entièrement surmonter ; et je ne savais
ment arriver à l'absolue persuasion que j'aurais
lu posséder. Au fond, la situation était désespérée,
s je n'y avais pas pris garde. Dieu, dans sa misé-
rde, me réservait un moyen de se révéler à moi
e me délivrer de toutes mes angoisses.

'avais accueilli avec joie le changement de gou-
nement survenu en Espagne en 1820 ; j'approu-
s la Constitution proclamée à cette époque, et je
ais pour bienfaisantes les dispositions plus libé-
s qui allaient désormais régir la nation. Afin de
andre la connaissance de ce nouveau code de lois,
gouvernement avait décidé que, dans chaque uni-
sité et dans chaque collège, le professeur de phi-
ophie serait chargé d'expliquer la Constitution,
st-à-dire de faire voir l'accord des bases sur les-
lle elle reposait, avec le droit naturel. Cette
ssion me fut confiée dans notre collège, et je
n acquittai avec zèle. Cela seul suffit pour me
e ranger parmi les constitutionnels ou libé-
x.

Une autre circonstance vint encore justifier la
utation qu'on me faisait à cet égard. Le gouver-
ment avait demandé au Pape de promulguer une
le autorisant tous les religieux qui le désiraient
asser dans le clergé séculier. Le Pape y avait
ssenti, de gré ou de force, et je me hâtai de pro-
r de cette permission. Je restai auprès de ma
nille, comme prêtre séculier, jusqu'en 1823,

n'ayant que les opinions d'un athée, ou, pour mieux dire d'un sceptique, dans toute la force du terme.

Dans les premiers mois de cette année, les mécontents commencèrent à manifester hautement des sentiments de haine contre le gouvernement établi, et leur hardiesse trouva un encouragement dans l'attitude de la France, qu'ils supposaient prête à favoriser leurs vues. Les chefs de cette contre-révolution cherchaient à exciter la fureur populaire contre tous ceux qu'ils nommaient *Constitutionnels*, et je m'aperçus bientôt que j'allais être, comme tant d'autres, en butte à leurs persécutions. Quelques poursuites me prouvèrent la malveillance qui était à l'œuvre contre moi. Un soir, en rentrant d'une réunion où je m'étais permis de dire ce que je pensais de ceux qui voulaient nous gouverner, j'entendis des pas pressés derrière moi ; et j'étais à peine arrivé à ma porte, que la détonation d'une arme à feu se fit entendre : les fenêtres de la maison en furent ébranlées ; je me retournai promptement, mais je ne vis personne. Ma mère, m'entendant rentrer, vint toute tremblante au devant de moi, en s'écriant : « Juan, mon fils, est-ce contre vous ? » Je tâchai de la rassurer ; mais rien ne pouvait calmer ses craintes. « Vous avez des ennemis, mon fils, me dit-elle. Éloignez-vous pour quelque temps. »

Je souris de sa frayeur, et montai dans ma chambre. Quelle ne fut pas ma surprise, en ôtant mon manteau, de voir qu'il avait été transpercé par sept balles, dont chacune avait fait autant de trous que le manteau avait de plis. Je dus reconnaître que je venais d'être miraculeusement sauvé.

A l'instant, ma résolution fut prise : je passai la nuit à faire ma malle, et le lendemain, j'annonçai mon départ à mes parents. Ils furent heureux de ma résolution : ils ne se doutaient pas que c'était mon dernier adieu.

Je crus cependant ne pas devoir quitter ma patrie, mais seulement changer de résidence, et je me rendis à Madrid. J'y restai dix mois, parfaitement tranquille, tandis que dans la province régnaient de grands désordres, dont j'eusse été indubitablement victime si je ne m'y fusse pas soustrait.

Après cette persécution ouverte et bruyante, il s'en établit une autre, occulte, organisée par le nouveau gouvernement, et dont il sembla un moment que je n'aurais rien à craindre. En effet, je reçus à Madrid un avis confidentiel par lequel on m'engageait à rentrer chez moi : on m'annonçait que je serais traité comme un libéral, mais que je parviendrais facilement à me justifier, en expliquant la manière dont j'avais précédemment défendu la Constitution, ainsi que les autres actes qui m'avaient fait ranger parmi les Constitutionnels. Je devais prétexter que ces actes m'avaient été arrachés par la force, et par des menaces de mort de la part de la milice de la ville que j'habitais. On me donnait de plus à entendre que les autorités accepteraient cette déclaration sans autres preuves, et que d'ailleurs, s'il y avait lieu, il se trouverait des témoins pour affirmer que je disais vrai.

Cette proposition avait un double but : le premier était de disculper autant d'ecclésiastiques qu'on le pourrait de la réputation d'avoir adhéré à la Constitution ; le second, de faire retomber autant d'odieux que possible sur la milice, dont on désirait se débarrasser. Je la repoussai avec horreur. Le nouveau système d'hypocrisie dans lequel il eût été nécessaire d'entrer, si je m'étais réincorporé dans le clergé, me parut odieux ; et ne pouvant vaincre cette répugnance, je résolus de passer en France, dès que je le pourrais.

Dieu qui me conduisait, sans que j'en eusse le sentiment, m'avait fait trouver une chambre dans une maison où logeait un capitaine français. Nous n'avions pas tardé à faire connaissance ; et comme il parlait ma langue avec assez de facilité, nous nous étions liés d'amitié, et nous passions ensemble tous les moments où il était libre.

Un jour, il rentra plus tard que d'ordinaire ; il avait l'air préoccupé. — « Don Juan, me dit-il, pourquoi restez-vous ici ? Quand les Français auront quitté le pays, votre vie, ou, au moins, votre liberté sera en danger. Mon régiment vient de recevoir l'ordre de rentrer en France. Pourquoi ne nous y suivriez-vous pas ? — Mais comment le pourrais-je, lui dis-je ? c'est à peine si j'ose sortir le soir pour respirer le grand air. — Consentez à venir, dit-il, et je me fais fort d'aplanir toutes les difficultés. » J'y consentis.

Le lendemain, il entra de bonne heure dans ma chambre ; il paraissait tout joyeux : « Salut à Monsieur l'aumônier ! » s'écria-t-il. Mon air étonné lui fit comprendre qu'il devait s'expliquer. « Ecoutez, continua-t-il : hier, après vous avoir quitté, je courus chez mon colonel, qui a de l'amitié pour moi, et, lui rappelant que nous avions perdu notre aumônier, je lui demandai la place. Il éclata de rire. Qu'avez-vous besoin d'un aumônier ? me demanda-t-il. Je lui racontai votre histoire. Cela change la question, me dit le colonel. Eh bien ! dès aujourd'hui, Don Juan Calderon est notre aumônier, avec douze cents francs d'appointements par an. Je le quittai alors à la hâte, pour aller acheter les choses nécessaires à votre équipement. »

Mon premier sentiment, en entendant ce récit, fut celui d'une grande joie. Mais à peine avait-il fini que je m'écriai : — « Arrêtez, capitaine ; tout ce que vous venez de me dire remplit mon cœur de reconnaissance ; mais, à mon tour, j'ai à vous parler. Le coup de fusil qui m'a obligé à quitter mes parents n'a pas seulement transpercé mon manteau ; il a aussi transpercé ma conscience, et l'a réveillée au point de me faire sentir qu'un homme honnête ne peut pas rester tel s'il fait ce qu'il sait être faux. Ainsi, cher ami, je ne puis consentir à me remettre sous un joug que j'abhorre. Partez, et laissez-moi à mon malheureux sort.

— Non, non, Don Juan ; je ne vous abandonnerai pas ainsi ; vous viendrez avec nous, et vous ne ferez rien contre votre conscience. Vous établirez un cours de philosophie, de mathématiques, d'espagnol ; enfin, vous enseignerez ce que vous voudrez à ceux de notre régiment qui désireront s'instruire. »

Je me laissai convaincre, et, deux jours après, nous partîmes... — J'étais sans passe-port, n'ayant pu en obtenir un, mais j'arrivai sans encombre jusqu'à la frontière, à Irun. Nous y couchâmes. Le lendemain, à quatre heures du matin, nous nous remîmes en route, et nous nous dirigeâmes vers le pont de Béhobie. Je donnais le bras au capitaine ; nous étions arrivés au milieu du pont, lorsque tout à coup une main de fer se posa sur mon épaule, et une voix me cria : «Vous êtes espagnol ; vos papiers ? — Je n'en ai pas. — Jetez-vous à l'eau, me dit le capitaine : je m'y jetterai après vous, et je vous sauverai. » — Je ne pus accepter ce dévouement, et je me laissai emmener par le garde espagnol.

«Adieu ! adieu ! me crièrent mes amis. Nous vous attendrons à Bayonne. » — Et le régiment défila devant moi.

Je fus conduit chez le gouverneur : il me fit mille questions sur ma famille, sur ma position, sur ma profession. — «Nous avons des ordres très sévères, me dit-il, pour ne laisser sortir personne dont les papiers ne sont pas en règle. Pourquoi n'en avez-vous pas? On ne se cache pas sans motifs. Je pourrais vous envoyer en prison ; mais, en attendant la réponse à la dépêche que je vais envoyer à Madrid, je vous consigne dans votre hôtel. Vous y attendrez mes ordres. Si la réponse est favorable, vous pourrez rejoindre votre régiment avant qu'il ait quitté Bayonne ; si non, vous serez ramené de brigade en brigade jusqu'au lieu où l'on vous réclamera. »

Je passai huit jours à Irun. C'était en janvier 1824, et Dieu se servit de ces jours d'épreuves pour m'apprendre que sans Lui il n'y a ni bien, ni vérité, ni bonheur. Le septième jour de ma détention, j'étais profondément malheureux : toutes mes consolations puisées dans le stoïcisme disparaissaient à mes yeux ; je me trouvais dans un pays étranger où je ne connaissais personne, et où personne ne me connaissait. J'avais tout l'air d'un vagabond sans argent et sans appui ; j'étais exposé à chaque instant à être pris et reconduit par la police, comme un malfaiteur, et à subir en route tous les dangers de la fureur populaire. Aussi je me couchai ce soir-là avec les pensées les plus tristes ; et le silence de l'obscurité aidant, ma situation se présenta à moi sous ses côtés les plus terribles. La pensée du suicide s'offrit à mon esprit, et je l'acceptai comme le meilleur moyen de terminer mes épreuves. Pardonne-moi, ô mon Dieu !

Comment un athée n'accepterait-il pas le suicide comme une solution toute naturelle dans le malheur ? Qu'importe de rentrer dans le néant deux ou trois années plus tôt ou plus tard ? S'il n'y a point de Dieu, qu'est-ce que le monde ? qu'est-ce que l'homme ? qu'est-ce que la vie ? Ici, dans ce lit même, je me laisserai tout simplement mourir de faim. Personne ne s'intéresse à moi : je prétexterai un mal qui m'ôte tout désir de manger ; et le manque d'aliment fera que les éléments qui composent mon corps prendront une nouvelle forme, et rentreront dans l'immense circulation de la matière, pour former de nouveaux êtres.

Je dois cependant avouer que ce raisonnement n'était au fond qu'une espèce d'approbation théorique du suicide. Je me rappelle que ma volonté ne consentait pas entièrement à cet acte, et que je n'avais pas la résolution arrêtée de m'en faire l'application.

Je fus très-agité jusqu'à onze heures ; j'avais la tête brûlante et j'éprouvais une inquiétude indicible. Je m'endormis enfin ; et, contre toute prévision, je passai une nuit des plus tranquilles. Je me réveillai le lendemain très reposé, et avec le sentiment d'une joie que je ne puis décrire. Je restai une heure dans cet état, sans être troublé même par le souvenir le plus lointain de ce qui s'était passé dans mon esprit la veille au soir, ni même des dangers qui me me-

naçaient probablement encore. J'éprouvais simplement un état de paix et de calme auquel il m'eût
été difficile d'assigner une cause. A la fin, le souvenir de mes angoisses de la veille me revint : elles
me parurent d'abord ridicules, puis horribles ; j'en
fus humilié et je pleurai. L'idée de Dieu se présenta
alors à moi, de ce Dieu grand et majestueux qui
remplit tout l'univers ; le sentiment de sa présence
s'empara de mon âme, et à mesure que cette pensée se faisait jour en moi, je trouvais une si grande
jouissance à me rappeler tout ce qui prouve son
existence, que je ne pouvais plus occuper mon esprit d'autre chose. Je descendais ensuite jusqu'au
plus profond de mon cœur, et je me demandais :
Que suis-je ? Pourquoi suis-je heureux ou malheureux ? Je sais que j'existe, mais je ne trouve pas la
cause de mon existence en moi-même. Je fais la
même observation quant à tout ce qui m'entoure :
chaque chose reconnaît en dehors d'elle-même la
cause première de son existence ; et tous ces effets
s'enchaînent par une série de causes procédant les
unes des autres ; force nous est donc d'arriver à une
cause première, au premier anneau de la chaîne.
Cette cause première, je la voyais en Dieu, la cause
de toutes les causes, la raison de toutes les exis-
tences. Et de quelle manière plus distincte encore
on connaît ce Dieu, quand on le connaît en Jésus-
Christ !

Ce fut dans des réflexions de ce genre que se

passa le huitième jour de mon arrestation à Irun, sans qu'aucune décision fût prise à mon égard, ou que je me décidasse moi-même à quoi que ce fût.

Ce même soir, la maîtresse de l'hôtel s'approcha de moi et me dit : « Je connais à peu près la situation dans laquelle vous vous trouvez ; au moment où vous y penserez le moins, on viendra vous prendre, et l'on vous fera reconduire par la police ; je m'étonne même qu'on ne l'ait pas encore fait. Demain, au grand matin, une femme qui fait de la contrebande doit venir ici ; je suis sûre qu'à ma recommandation et pour une très-petite somme, elle vous transporterait avec son bateau jusqu'à la rive française et vous y déposerait dans un endroit inconnu aux douaniers. C'est la seule chose que vous ayez à faire. Fiez-vous à moi, et, une fois à Bayonne, que Dieu vous garde ! »

L'assurance avec laquelle l'hôtesse me parlait me donna du courage, et j'accueillis avec empressement sa proposition. Vers minuit, la femme en question arriva : j'étais prêt. L'hôtesse me dit adieu, les yeux pleins de larmes, et sachant combien mes ressources étaient faibles, elle refusa d'être payée. La contrebandière me mit au fond de son bateau, comme un paquet, et nous partîmes. La nuit était sombre, on ne voyait pas une étoile. Nous débarquâmes loin de tout chemin fréquenté, et la femme me déposant sur le rivage, me dit : « Tirez-vous-en comme vous le pourrez. »

J'étais fort embarrassé : fallait-il tourner à droite
ou à gauche ? Dieu seul pouvait me conduire ; et
il me conduisit. Après avoir marché pendant plusieurs heures, je me trouvai devant une petite au-
berge, et j'y entrai pour prendre un peu de nourri-
ture et quelque repos. Je demandai un lit : j'étais à
bout de forces. Une bonne nuit me reposa complètement. Le lendemain matin, je me remis en route ;
j'arrivai à Bayonne vers le milieu du jour.

En entrant dans cette ville, je me crus sauvé ; et
pourtant j'étais là comme dans un désert. Je ne connaissais personne ; je ne savais de quel côté tourner mes pas ; mes ressources étaient épuisées ; mais
la pensée de Dieu me soutenait et j'élevais mes
yeux vers lui avec confiance.

Comme j'étais profondément triste et que je sui-
vais, tout découragé, l'un des quais de la Nive, je
sentis que quelqu'un me frappait légèrement sur
l'épaule, et, me retournant, je me vis en face d'un
homme jeune encore, à la physionomie aimable et
rassurante. M. D*** m'adressa la parole en espagnol :
« Voici, dit-il, près d'une heure que je vous regarde et vous suis ; chacun de vos pas témoigne que
vous êtes dans la détresse. Qui êtes-vous ? D'où venez vous ? et où allez-vous ? » — Je répondis aux
deux premières questions. — « Quant à la troisième,
ajoutai-je, si Dieu ne venait de ranimer ma confiance en lui par de récents bienfaits, je vous répon-
drai peut-être : je vais me jeter dans la rivière, car

je n'ai pas le sou, et je ne connais personne ici. —
Eh bien, monsieur, voici pour vous un nouveau
motif de confiance. Je ne puis pas vous engager à
venir chez moi, n'étant pas moi-même de Bayonne ;
mais j'ai une tante qui demeure près d'ici et chez
qui je puis vous conduire. Elle a un cœur excellent ;
elle a déjà reçu chez elle un grand nombre de réfugiés libéraux ; et, quoiqu'elle ne soit pas très-riche,
elle possède assez de fortune pour faire quelques
avances à ceux qui en ont besoin. »

Mme H^{****} me fit le meilleur accueil. Son neveu
lui rapporta notre conversation, et elle s'empressa
de me faire préparer une chambre. Quand mon nouvel ami me quitta, je le priai de s'informer si le
36e de ligne était encore à Bayonne. Il revint le lendemain avec la triste nouvelle que le régiment n'a-
vait fait que passer. Je dus donc renoncer à l'espoir
de revoir le capitaine qui m'avait témoigné tant
d'intérêt, et me résigner à la perte de mes effets et
de l'argent contenus dans ma valise.

Mon nouvel ami me conseilla de ne pas me montrer dans les rues pendant quelque temps. « Plusieurs émigrés ont déjà été renvoyés en Espagne,
me dit-il ; soyez donc prudent : le quai est tout
près d'ici, vous pourrez y aller prendre l'air le
soir. »

J'étais établi depuis deux jours chez ma bonne
hôtesse, lorsque trois jeunes Espagnols vinrent occuper chez elle deux chambres voisines de la mienne.

c'étaient aussi des émigrés politiques, mais ils avaient leurs passeports. Ils furent cependant retenus quelque temps à Bayonne, leurs passeports ayant dû être envoyés à Paris pour y être légalisés. Ils voulurent tout de suite mettre leur temps à profit, et, comme ils étaient cordonniers de leur métier, ils sortirent dès le lendemain pour se procurer tout ce qu'il leur fallait pour confectionner une sorte de pantoufles fort en vogue à Madrid, et encore inconnues à Bayonne.

L'heure des repas réunissait toutes les personnes de la maison, et je ne tardai pas à faire bonne connaissance avec ces nouveaux-venus. Je les suivis le soir dans leur atelier, et me mis à les aider dans leur travail ; précieuse distraction pour moi qui étais presque un prisonnier. Quand ils eurent fait plusieurs douzaines de pantoufles, l'un d'eux alla les offrir dans un magasin. On lui en donna un très-bon prix, et on en commanda encore plusieurs douzaines. Au bout de dix ou douze jours, ces jeunes gens partirent, la bourse bien garnie ; et en me disant adieu, ils me laissèrent leurs outils et les matériaux qu'ils n'avaient pas encore employés. Je m'étais mis au courant de leur métier.

Combien devons-nous être prudents, avant de nommer bien ou mal ce qui nous arrive ! J'avais d'abord considéré comme un malheur de ne pouvoir sortir pour me procurer des moyens d'existence ; et voilà que, dans la maison même où je m'étais réfugié, Dieu m'avait fourni l'occasion d'apprendre un métier lucratif et de gagner ma vie.

Quelque temps après le départ de mes jeunes amis, je me présentai dans la même boutique avec une douzaine de pantoufles. On les prit encore avec plaisir, et l'on m'en commanda de nouvelles.

Dès lors je me sentis plus de liberté ; je m'aventurai à sortir, et comme pendant tout ce temps les préoccupations religieuses n'avaient pas cessé de me poursuivre, je résolus de mettre ma liberté à profit pour m'instruire dans les choses de Dieu. J'avais entendu parler d'un culte protestant, qui consistait, disait-on, à adorer le soleil. Je voulus savoir ce qu'il en était, et je me rendis à la chapelle. Je fus reçu à la porte par le concierge, qui venant à moi me dit : «Vous êtes étranger, monsieur ; c'est le Seigneur qui vous a amené ici. » Il me plaça près de la chaire et me remit des livres.

J'ouvris l'un des livres, et je lus : *Epître aux Éphésiens*. Je parcourus les premiers chapitres. Je me suis trompé, me dis-je : ce n'est pas ici que je voulais venir. Le malaise que j'éprouvais d'abord à me trouver là disparut quand le service commença. Levant les yeux, je me vis en face de vous, cher M. Pyt, et je ne perdis pas une de vos paroles. A la fin du service, vous vîntes à moi et m'engageâtes fortement à revenir, tout en m'autorisant à emporter le Nouveau Testament que je tenais à la main. Le dimanche suivant, je ne manquai pas de me rendre à votre aimable invitation, et j'allai même chez vous, où je me trouvai avec quelques frères et sœurs qui, chacun à son tour, exprimaient ce qu'ils pensaient et sentaient au sujet de quelque passage de l'Ecriture Sainte qu'on venait de lire.

A partir de ce moment, grâce au Nouveau Testament et aux autres livres que vous me procurâtes, je commençai à lire l'Evangile dans le texte même, et avec le désir arrêté de voir quelle doctrine religieuse j'y trouverais. J'éloignai de mon esprit toutes les explications et tous les commentaires que j'avais trouvés dans les ouvrages de théologie ou de controverse de l'Église romaine, et je cherchai à ne me laisser influencer ni par les théologiens catholiques ni par les théologiens protestants.

Cet examen, que je puis appeler impartial et fait sans parti pris, produisit en moi la conviction que la doctrine d'un Dieu fait homme, d'un sacrifice expiatoire par Jésus-Christ, de la corruption générale du genre humain à la suite du péché du premier homme, de l'impossibilité de mériter par nos efforts personnels et par nos œuvres un salut qui est complétement gratuit et qui s'obtient par la foi en Jésus-Christ, est contenue d'une manière évidente dans la Parole de Dieu ; et que, refuser de recevoir cette doctrine, c'était me rendre coupable d'une inconséquence criminelle.

De là à me convertir, il n'y avait plus qu'un pas. Je me mis à faire l'examen de ce qu'on nomme les motifs de crédibilité. Que Dieu soit béni pour m'avoir donné le désir de faire cette étude, et m'avoir disposé à en accepter le résultat ! Je lus les œuvres d'Erskine, de Chalmers, de Haldane ; et quoique plusieurs des raisonnements que j'y trouvais ne fussent pas nouveaux pour moi, ils me parurent plus convaincants qu'ils ne l'eussent pu faire autrefois. Ce qui me frappa comme la preuve la plus irrécusable de la vérité du témoignage apostolique, ce fut le fait que les apôtres avaient scellé ce témoignage de leur sang. Ils n'auraient pas exposé leur vie pour confirmer une théorie ou une opinion dans laquelle l'intelligence peut être entraînée par des raisonnements spécieux, mais pour confirmer des faits patents et irrécusables et que peut s'approprier l'intelligence la plus simple. «Ce que nous avons entendu, ce que nous avons vu de nos propres yeux, ce que nous avons contemplé et que nos propres mains ont touché de la Parole de vie... nous l'annonçons.» (1 Jean I : 1, 2).

Enfin, ce qui produisit en moi une adhésion pleine et entière à ces doctrines, ce fut leur conformité avec les aspirations de mon âme.

Les voies de Dieu ont été admirables. Abandonné à moi-même, je m'égarais dans les ténèbres de l'incrédulité, et je désespérais de l'avenir. Le sentiment du péché, l'angoisse du cœur me firent sentir le néant de mes efforts pour devenir meilleur ou pour me justifier devant Dieu. Si nous ne sommes

que des serviteurs inutiles quand nous avons fait
tout ce qui nous est commandé (Luc xvii, 10,) pour-
rions-nous, créatures souillées, nous relever aux yeux
de Celui qui sonde les cœurs ? « Quant à l'homme, dit
l'Écriture, le salut est impossible : à Dieu seul toutes choses sont possibles. » (Matth. xix, 26). La grâce ne
s'achète pas, puisque c'est une grâce. Elle descend
du ciel ; elle nous apporte l'assurance de l'amour de
Dieu, et nous unit au Sauveur par une foi vivante,
source de paix, de sainteté et d'obéissance, qui nous
porte à consacrer notre existence entière à Celui qui
s'est donné pour nous.

Pendant quelque temps je me bornai à admirer
ces doctrines. Combien ceux qui les possèdent me
paraissaient dignes d'envie ! Bientôt j'éprouvai le
désir de les partager moi-même ; et Dieu, fidèle et
juste, répondit à mes prières.

Instruit par la Parole de Dieu, je considérai attentivement Celui qui a été traité pour nous comme le
péché, afin que nous devinssions justice de Dieu
par lui. (2 Cor. v, 21). Je pus appeler Dieu *mon Père*,
et dire avec l'apôtre : « Il n'y a donc maintenant
aucune condamnation pour ceux qui sont en Jésus-
Christ. Nous sommes plus que vainqueurs par celui
qui nous a aimés. Je suis assuré que ni la mort, ni la
vie, ni les anges, ni les principautés, ni les puissances,
ni les choses présentes, ni les choses à venir, ni la
hauteur, ni la profondeur, ni aucune autre créature,
ne pourra nous séparer de l'amour de Dieu qui nous

a été montré en Jésus-Christ, notre Seigneur. »
(Rom. VIII, 1-15, 36-38.)

A partir de ce moment, je marchai avec la confiance d'un enfant de Dieu. Toutes les circonstances de ma vie passée m'apparurent comme autant d'anneaux d'une chaîne qui devait me conduire au Sauveur : si un seul anneau eût été brisé, si une des épreuves que j'ai traversées m'eût été épargnée, que serais-je devenu ? Mais le Seigneur est bon et droit, il entend la prière de l'affligé... A lui soit donc la gloire en toutes choses !

Cependant six ou sept mois après mon arrivée à Bayonne, les autorités françaises se montrèrent moins sévères envers les émigrés, surtout envers ceux qui vivaient du produit de leur travail. C'est alors que ma position devint plus régulière. Un dimanche matin, je rentrais chez moi tout plein des pensées qui me travaillaient habituellement, lorsque je trouvai mon hôtesse m'attendant avec anxiété au haut de l'escalier. Toute tremblante, elle me demanda si je n'avais rencontré personne à la porte. « — Non, répondis-je ; de qui parlez-vous ? — C'est un gendarme, monsieur, qui est venu vous demander ; et il doit revenir. » — En effet, notre conversation fut interrompue par le gendarme lui-même. « — Vous êtes peut-être M. Calderon, me dit-il. — Précisément ; Qu'y a-t-il pour votre service ? — Il faut que demain matin, à dix heures, vous vous présentiez chez le commissaire de police avec vos papiers. —

Très-bien ; j'y serai. » — Et le gendarme se retira.

C'était un fâcheux contre-temps, juste au moment où il semblait que tout commençait à me sourire. Si j'allais être renvoyé en Espagne ! me dis-je ; mais non ; Dieu a commencé une œuvre, et il ne la laissera pas inachevée.

Je retournai à la chapelle, le soir même, et je reçus vos encouragements, cher pasteur. Je rentrai chez moi tout à fait tranquille. Le lendemain, à dix heures, j'étais devant le commissaire de police. Je compris bientôt qu'il savait à quoi s'en tenir sur l'emploi de mes derniers dimanches. « — Vos papiers, Monsieur ! me dit-il d'un ton impérieux. — Je n'en ai pas. — Comment, vous n'en avez pas ! Notre police est pourtant assez bien faite pour que personne ne puisse passer inaperçu. » — Je gardai le silence. « — Votre pays ? — La Manche. — Votre âge ? — Trente-trois ans. — Votre profession ? — Cordonnier. » — Le commissaire de police et le secrétaire se mirent à rire. « — Voyons, reprit le commissaire, est-ce que vous avez été toujours cordonnier ? — Vous ne m'avez pas demandé ce que j'avais été, mais ce que je suis. — Ecrivez donc *cordonnier*, » dit-il au secrétaire. Il est probable que cette réponse simplifiait leur besogne. « — Quels sont vos moyens d'existence ? — Faire des pantoufles et les vendre aux marchands qui veulent bien s'en charger. — Vous demeurez chez Mme*** ; c'est bien ; si vous changez de logement, ayez soin de m'en informer. C'est tout ce que je demande de vous pour le moment. Conduisez-vous bien, et vous n'aurez rien à craindre. »

Ce qui m'avait affligé la veille venait de se changer en un sujet de joie ! J'étais vraiment libre désormais : je pouvais sortir à toute heure, et trouver peut-être une occupation plus conforme à mes goûts que celle de faire des pantoufles.

Je m'empressai d'aller vous faire connaître cette nouvelle manifestation des soins de Dieu à mon égard, à vous, ma seconde providence. Huit jours après, je commençai à donner des leçons d'espagnol. J'eus d'abord un seul élève, auquel plusieurs autres s'ajoutèrent bientôt. Mes leçons ne me firent cependant pas abandonner la confection des pantoufles, moyen d'existence que j'ai toujours considéré avec reconnaissance comme m'ayant été ménagé par Dieu lui-même, au moment où il m'était le plus indispensable.

Un jour que je revenais de mes leçons, je rencontrai une jeune fille en deuil, qui me demanda si elle n'était pas devant la maison de Mme ****, et s'il ne s'y trouvait pas des prêtres espagnols. Heureuse d'apprendre que la veille il en était arrivé plusieurs, elle entra et exposa le but de ses recherches. « Ma maîtresse vient de mourir, nous dit-elle. Par son testament, elle m'a légué cent francs ; mais la somme qu'elle a léguée pour faire dire des messes à

on intention m'a fait beaucoup réfléchir et pleurer.
Que les riches sont heureux ! Même après leur mort,
l'argent leur est encore utile. Voilà un an que j'ai
perdu ma mère, Monsieur, et je n'ai pu lui faire
dire que deux messes ; mais que pouvais-je faire
avec mes vingt écus de gages ? Pauvre femme ! Combien d'années aura-t-elle encore à souffrir dans le
purgatoire ? En recevant ces cent francs, je me suis
crue très riche. Eh bien, moi aussi, je vais faire dire
une messe, sinon toutes les semaines, au moins
tous les mois ; et en remettant mes deux francs à
notre excellent curé, je l'ai prié de la dire dès le
lendemain. — Impossible, ma fille. J'ai à en dire
tout un mois, et je ne peux en renvoyer une seule.
Allez plutôt à Bayonne : plusieurs prêtres viennent
d'y arriver. Vous en trouverez chez Mme ***. Et je
me suis empressée d'accourir. Tout en marchant, je
repassais mon chapelet, et je me disais : Qu'est-ce
que le purgatoire ? On assure que c'est un lieu où
l'on brûle plus ou moins de temps, selon le nombre
des péchés qu'on a commis et celui des messes
qu'on a dites pour les effacer. Cette pensée m'a fait
frissonner. Depuis un an ma mère brûle !... et je
n'ai pu faire dire que deux messes pour elle ! Tout
à coup, il m'a semblé qu'une voix me disait : Si les
messes pour les cent francs doivent délivrer ma
mère en quelques années, pourquoi ne pas la délivrer tout de suite ? Cette pensée est-elle bonne ou
mauvaise ? Pourquoi n'est-elle jamais venue à per-

3*

sonne? Car j'ai assisté à des messes dites pour le repos de gens morts depuis longtemps, et cela sur la demande de familles riches et instruites. Comment ont-elles pu laisser tout ce temps-là leurs parents et leurs amis dans les flammes, se bornant à les soulager un peu de temps en temps? Dites, Monsieur, qui a pu me suggérer cette pensée? — Tout ce qui est bon, ma fille, vient de Dieu. C'est lui qui vous a mis au cœur cet amour filial qui a fait votre bonheur pendant bien des années, et qui va vous combler de joie par le sentiment que votre mère jouira, sans plus de retard, du repos et de la gloire des cieux. C'est aussi lui qui vous a portée à venir au secours de quelques pauvres réfugiés sans ressources. Bénie soyez-vous, simple et bonne jeune fille. »

J'allai frapper à la porte d'une chambre où se trouvaient huit à dix prêtres ou moines fumant leurs cigarettes, à l'espagnole. En deux mots je les mis au courant de l'affaire, et je restai pour servir d'interprète à la jeune fille. Ils convinrent de ne prendre qu'un franc par messe et promirent que toutes les messes seraient dites dans dix jours. Je ne pourrais vous peindre la joie de cette fille. Elle pleurait, elle riait ; elle appelait sa mère, ce qui nous attendrit tous, et elle nous quitta en exprimant la plus vive gratitude.

En aidant à l'accomplissement du désir de cette jeune fille, j'avais cédé à un sentiment de charité,

qui n'était pas exempt de tout reproche. En réalité
je ne croyais plus au purgatoire ni à l'efficacité des
messes. Ce que je n'avais pas eu le courage de lui
dire, je ne manquai pas de le faire observer à mes
pauvres compatriotes, qui me donnèrent raison,
mais s'écrièrent : « Don Juan, nous n'avons pas de
quoi manger, et nous n'avons pas assez de résignation pour nous laisser mourir de faim. » Plus heureux qu'eux, je les quittai en bénissant le Seigneur
d'avoir mis dans mon cœur la foi aux promesses de
Celui qui ne m'a jamais abandonné [1].

Ce que m'avait dit cette jeune fille m'a fait douter
que ceux qui font dire des messes croient réelle-
ment au purgatoire. Ils devraient être tourmentés,
il me semble, par la même pensée, et elle devrait
les forcer à agir comme elle.

Je continuai à donner des leçons et à faire des
pantoufles, et Dieu m'accorde un nouveau sujet de
le bénir. Parmi mes élèves se trouvait une jeune
personne particulièrement sérieuse, âgée de 26 ou
27 ans, et qui, après sa leçon, prenait un grand plaisir à s'entretenir avec moi de sujets religieux. Elle

---

[1] Calderon avoue que sa conduite dans cette circonstance n'est
pas exempte de tout reproche. Si, à cette époque, il avait été plus
éclairé, il n'eût pas consenti à servir d'intermédiaire dans un
marché qui faisait de cette naïve enfant la dupe d'une triste superstition. Mais l'éducation des chrétiens est progressive, et lorsqu'une âme recouvre sa liberté après un long esclavage, elle
hésite sans doute souvent, avant de comprendre qu'elle est réelle-
ment affranchie. C'est là ce qui nous semble devoir excuser
Calderon.

était catholique et avait été élevée par sa marraine, dont le frère était prêtre. Comme je portais toujours avec moi un Nouveau-Testament, nous le lisions ensemble, et je tâchais de faire ressortir pour elle quelques enseignements de cette lecture. Un jour, plus étonnée que de coutume, elle s'écria : « Ceci ne peut pas être notre Nouveau-Testament à nous, puisqu'il blâme une grande partie des choses que notre Église commande ; il est donc protestant, car j'ai entendu dire que cette secte a introduit beaucoup de faussetés dans la Parole de Dieu. »

Je me procurai un Nouveau Testament d'une version approuvée par le clergé catholique, et dès le lendemain je l'apportai à mon élève. Elle le lut en entier, et chaque jour, il faisait le sujet de nos conversations religieuses. Un jour, je la trouvai plus préoccupée que d'habitude. « — Don Juan, me dit-elle, est-ce que ce livre sert de base à la religion catholique ? — Les catholiques, répondis-je, prétendent n'en avoir pas d'autre. — Dans ce cas, je n'y comprends plus rien. Les cérémonies et les mystères de l'Église ont fait le charme de mon enfance ; j'ai été plus pieuse qu'on ne l'est ordinairement à cet âge ; je croyais fermement que le catholicisme était la plus sainte des religions, la seule digne de ce nom. Vous m'avez amenée à comparer ces deux Nouveaux Testaments, et je les trouve au fond tout semblables. J'ai été témoin de la piété

de quelques protestants : j'ai vu mourir dans la joie
l'un d'entre eux, M. Borderie, que vous connaissiez
aussi. J'ai connu également des catholiques très dé-
vots : la piété des uns m'a paru aussi sincère que celle
des autres, et je n'aurais pas osé juger entre ces deux
religions si vous ne veniez pas de m'apprendre que
toutes les deux disent s'appuyer sur la Parole de
Dieu. Et que vois-je ? D'un côté, celle qu'on appelle
hérétique suit de point en point ce que cette Parole enseigne ; et de l'autre, celle que je me plaisais
à appeler sainte s'en éloigne dans les choses les
plus essentielles. Je hais le mensonge dans les grandes comme dans les petites choses. C'est vous dire
que, dès aujourd'hui, je renonce aux pratiques plei-
nes de fausseté dans lesquelles j'ai été élevée, et
que mes prières ne s'adresseront désormais qu'à Dieu
seul. »

Dieu a fait fructifier en elle la parole qu'elle avait
lue. Si elle perd l'héritage de sa marraine, elle a
trouvé la grâce et la paix que le Seigneur accorde à
tous ceux qui le cherchent. (Matth. vi, 33.)

Cher Monsieur,

J'espère que mon long récit ne vous aura pas
trop fatigué. Il n'était pas nécessaire pour vous
convaincre que celui qui met sa confiance en Dieu
n'est jamais confus ; mais il m'a été doux de vous
faire le dépositaire des événements de ma vie, dans

lesquels cette vérité a éclaté pour moi d'une façon si merveilleuse.

A Dieu soient, en toutes choses, la gloire et la magnificence dans tous les siècles.

JUAN CALDERON.

II

SUITE ET FIN DE LA VIE DE CALDERON

La lettre qu'on vient de lire est l'histoire d'une âme ; elle nous montre les moyens dont Dieu s'est servi pour amener un pécheur à la connaissance de sa misère et du salut qui est en Jésus-Christ ; à ce double titre, sa valeur est grande, et nous ne doutons pas que le lecteur n'ait éprouvé une profonde sympathie pour Don Juan Calderon et le désir de suivre le prêtre converti dans sa nouvelle vie consacrée au Dieu de vérité. C'est à ce désir que nous voulons répondre brièvement dans les lignes qui suivent.

Quatre ans après sa conversion, en 1829, Don Juan se rendit en Angleterre, où nous le trouvons, dans le faubourg de Sommerstown, annonçant le salut à des compatriotes réfugiés comme lui à Londres. Le 8 octobre 1830, l'évêque de Londres le reconnut comme pasteur de l'Eglise anglicane et l'autorisa à exercer son ministère dans le diocèse. Il continua cependant à entretenir des relations fraternelles avec les Baptistes et avec les disciples de Fox. Cette circonstance peut servir à éclairer les personnes qui n'ont pas compris que la variété dans l'unité est la marque caractéristique des œuvres de Dieu, que l'homme est un et divers, et qui sont surprises de la diversité apparente des nombreuses communautés protestantes. Convient-il d'ailleurs à des catholiques romains de se scandaliser de telles différences? Celles que l'on remarque dans leurs observances religieuses et dans leurs divers cultes ne sont-elles pas innombrables [1]?

Don Juan prêchait dans la chapelle baptiste de Sommerstown. Un assez grand nombre d'Espagnols accoururent d'abord à ses prédications, mais comme plusieurs d'entre eux n'étaient poussés que par des motifs

[1] Si l'on y regarde de près, les Presbytériens, Baptistes, Indépendants et autres Églises moins importantes, diffèrent bien plus dans les formes et cérémonies de leur culte que dans les articles essentiels de la foi. Comme l'a fait observer Milton : « Dans l'édification du temple du Seigneur, les uns en polissant les marbres dans les carrières, d'autres en coupant et en sculptant les cèdres sur les chantiers, eurent nécessairement à opérer diverses séparations et divisions avant de pouvoir élever la maison de Dieu ; et quand chaque pierre eut été taillée, on la posa à côté d'une autre, sans, pour cela, en faire une seule pierre, et sans que chaque partie de l'édifice eût une forme identique, parce que la perfection consistait dans cette variété de formes nécessaires aux proportions et à la symétrie de ce grand édifice.»

purement mondains et ne cherchaient dans un culte
protestant que des idées d'indépendance et de liberté,
le nombre des auditeurs diminua bientôt, et après
quelques semaines il fut réduit à douze ou quatorze.
Du reste, la révolution qui éclata à Paris en 1830 in-
terrompit brusquement ces réunions ; les émigrés
espagnols passèrent en France avec la pensée de retourner en Espagne lorsque les circonstances le leur
permettraient. Don Juan les suivit ; mais quoique les
portes de la patrie s'ouvrissent bientôt après aux
émigrés, elles restèrent fermées pour celui qui avait
commis la faute impardonnable de prêcher Jésus-
Christ, l'unique Sauveur ! Ce fut en 1842 seulement,
sous la régence du Général Espartéro, que Calderon
put fouler encore une fois le sol natal. Il se mit sans
retard à annoncer l'Evangile à Madrid, pour ainsi
dire, de maison en maison ; mais il se heurta à
beaucoup d'incrédulité et à une profonde indifférence, tristes résultats de la servitude que le catholicisme fait peser sur les consciences. La politique
seule avait le don de passionner les esprits ; cependant quelques personnes, quoiqu'en petit nombre,
reçurent la vérité. En 1845, à la chute du gouvernement d'Espartéro, Don Juan quitta l'Espagne et
alla à Bordeaux où l'attendait sa famille. La sourde
opposition du clergé catholique lui fit perdre peu à
peu les leçons d'Espagnol qu'il avait obtenues dans
diverses maisons d'éducation ; bientôt, dénué de toutes ressources, il fut obligé de retourner à Londres,

et l'année 1846 le revit dans le faubourg de Sommerstown. Alors l'ancien professeur de philosophie
qui avait su exercer l'humble métier de cordonnier,
pourvut à sa subsistance et à celle de sa famille en
travaillant de ses mains et en donnant des leçons,
courageux exemple qu'on ne saurait trop admirer.
En même temps, il entreprend la publication d'un
journal, *El catolicismo neto*, qui plus facilement
qu'un missionnaire pouvait pénétrer en Espagne,
en Amérique et partout où s'est répandue la nation
espagnole. Ce journal ne fut pas le seul écrit dû à
la plume de Calderon. Voici la liste des ouvrages
qu'il composa et dont les titres nous sont connus :

1° Revue grammaticale.

2° Analyse logique et grammaticale de la langue
espagnole.

3° Réponse d'un émigré espagnol à la lettre du
Père Aréso.

4° Traité de leçons faciles sur l'Évidence du Chris-
tianisme.

5° Le Catholicisme pur.

6° Le libre examen.

7° Son autobiographie.

8° Une traduction espagnole du Nouveau Testament sous ce titre : *Las Escrituras del Nuevo
Pacto.* (En collaboration.)

C'est par cette traduction du Nouveau-Testament,
entreprise et poursuivie dans la prière et dans la foi,

e Don Juan Calderon termina sa carrière. En 1854,
u le retira à lui, et voici en quels termes émus
homme qui avait eu le privilège de le connaître,
nsieur Wiffen, annonçait sa mort à un ami : « Je
us, en prenant une grande part à ce deuil, vous
noncer la mort de Don Juan Calderon, ou plutôt
us dire qu'il s'est endormi dans la nuit du
nedi 28 janvier 1854. C'était un homme dont
ppréciais infiniment la droiture et la conscien-
use conduite... Il aimait la vérité et cherchait à
conformer sa vie. L'idée que je m'étais formée
lui à la première vue m'a été confirmée par sa
ographie et par toute sa manière d'être jusqu'au
oment où il a été retiré de ce monde. »
Après l'incrédulité, les misères morales, les souf-
ances et les combats que nous a fait connaître
autobiographie de Calderon, rien de beau comme
tte vie de renoncement, d'humilité et de travail,
gne d'être donnée en exemple à tous ceux qui
pirent à l'honneur de devenir missionnaires.
N'est-ce pas le soleil se levant sur l'homme qui
meurait dans l'ombre de la mort, l'éclairant et
nduisant ses pas dans le chemin de la paix ? Le
ntraste apparaît frappant. Le moine aux lâches ré-
cences a disparu pour faire place au prédicateur de
vérité, et Don Juan erre d'un pays à l'autre, des-
tué de tout, affligé, maltraité, et préfère ces épreu-
es afin d'obtenir un bon témoignage par la foi. De-
ant cette transformation, devant cette création de

l'homme nouveau, recueillons-nous ; demandons
Dieu de bénir pour nous la lecture du récit qui nou
l'a fait connaître. Qu'une telle lecture nous fass
sentir plus vivement la misère de ces pauvres âme
retenues dans les ténèbres du catholicisme, et notr
grand devoir de les amener à la lumière de l'Evan
gile et de prêcher Christ, non seulement de bouche
mais par toute notre vie !

III

COURTES NOTICES

SUR QUATRE CHRÉTIENS ESPAGNOLS

ET SUR L'ÉVANGÉLISATION DE L'ESPAGNE

De Don Juan Calderon aux Espagnols ses compa-
riotes et à l'Espagne sa patrie, la transition est
aturelle et une question se pose d'elle-même : Cal-
eron a-t-il été, au dix-neuvième siècle, le seul ser-
iteur de Jésus-Christ, né sur la vieille terre que
apôtre Paul avait embrassée dans son ardeur de mis-
onnaire sans avoir pu probablement la visiter? Non,
râces à Dieu ! Nous pouvons, à côté de Calderon, ci-
er d'autres exemples frappants de la puissance de
a divine Parole qui ne saurait retourner à Dieu sans
ffet. Ces exemples seraient même assez nombreux
i nous voulions que la liste fût complète, mais tel

n'est pas notre projet. Nous ne croyons pas devoir parler des hommes qui vivent encore aujourd'hui. Nous laisserons de côté pour le moment don José Vazquez Guttierez, et nous ne nous arrêterons ni à Matamoros, ni aux prisonniers de Grenade et de Cordoue, dont l'histoire a déjà été souvent racontée. Parmi ces témoins fidèles de la vérité nous ne nommerons que quelques morts peu connus : Le colonel Joaquim Serra, ami particulier de don Baldonero Espartéro, et Moralès son compagnon, tous deux fusillés à Séville, le 26 août 1857 ; Don Luis Usoz y Rio, Manuel Léon, et une femme, Margarita Baréa. Ces deux derniers sont si humbles, que la plupart des protestants n'en ont jamais entendu parler ; mais ils sont illustres, car ils sont inscrits sur le livre de l'Agneau.

Le colonel JOAQUIM SERRA s'occupait avec zèle de la diffusion des Ecritures. Impliqué dans une instruction judiciaire, à propos d'une insurrection à laquelle il a affirmé jusqu'à la fin être complètement étranger, il fut jugé à huis clos par un conseil de guerre. « Le colonel et F. MORALÈS, dit un témoin de leur supplice, D. José Vazquez, reçurent les prêtres dans la chapelle avec beaucoup d'amabilité et de civilité ; mais ils refusèrent de se soumettre à la confession et aux autres cérémonies de l'Eglise romaine. Tous les deux donnèrent des preuves non équivoques de leur protestantisme, de leur foi en Jésus-Christ, no-

re Sauveur, et de leur piété. Ils rejetèrent l'image
le je ne sais quelle vierge que les prêtres leur avaient
présentée, en faisant observer qu'ils ne reconnais-
saient d'autre médiateur auprès du Père Éternel que
Jésus-Christ. Les prêtres furent étonnés et attendris
les sentiments vraiment chrétiens de ces malheureux
et témoignèrent leur grand regret de les voir mourir dans l'hérésie. Voici les dernières paroles que
Serra prononça sur le lieu de l'exécution, d'un ton
ferme et résigné : « Mon Dieu, pardonnez-moi tous
mes péchés, comme je pardonne à tous mes ennemis,
par le précieux sang de votre Fils unique, en qui je
crois fermement, et à qui j'offre avec résignation
cette vie que je vais perdre, parce qu'il sacrifia la
sienne pour me racheter de mes péchés... Mon Dieu !
Mon Jésus ! Sauvez-moi ! »

Don Luis Usoz y Rio, jurisconsulte, homme d'étude
et chrétien éminent, attaché depuis de longues années à la vérité évangélique, poursuivit un but
spécial, fort intéressant.

Il avait cherché en Espagne, en Angleterre, en
Allemagne, les ouvrages des Réformateurs espagnols
du xvi⁰ siècle. Souvent il n'a pu découvrir qu'un
exemplaire mutilé; il se hâtait de l'éditer avec soin.
Ainsi nous ont été conservés quelques ouvrages pré-
cieux du docteur Juan Perez, de Juan de Valdez, de
Raymond Gonzalez de Montès et d'autres encore.
Après avoir exhumé de la poussière ces grands

docteurs de la Réformation, et avoir ainsi rétabli la chaîne des témoins de Jésus-Christ en Espagne, en leur tendant à travers trois siècles une main respectueuse et filiale, il nous les montre debout, sur le seuil de la patrie, attendant que leur voix puisse se faire entendre.

Il a fait plus encore. Il a publié en espagnol l'*Institution* de Calvin pour montrer l'unité de la foi dans tous les témoins de Jésus-Christ au xvi° siècle ; et comme pour asseoir cette alliance évangélique sur sa base inébranlable, il veut consacrer ses derniers jours à la traduction des Écritures... Ses forces l'ont trahi. Esaïe seul avait paru quand la mort nous l'a enlevé, usé par le travail, à un âge où il aurait pu rendre encore d'immenses services, (59 ans ; 17 Août 1865.) Mais il n'a pas travaillé en vain. Il a consacré sa fortune et sa vie à élever à la gloire de son Maître, à l'histoire religieuse et aux martyrs de son pays, un monument où se trouvent gravés quelques-uns des plus beaux titres de l'Espagne à la vénération et à l'amour des chrétiens.

Manuel Léon était un pauvre tisserand de Séville ; il tissait des gilets de velours. Dès que la vérité lui fut révélée, Christ devint sa vie, son tout, et sauver des âmes son idée fixe. Il allait de maison en maison, lisant les Ecritures. Sur les places publiques il abordait les promeneurs isolés et leur parlait de Jésus. Un jour que, traversant la cathédrale, il rencontra un de ses amis qui entendait la messe : « N'as-tu pas lu, lui dit-il, dans l'épître aux Hébreux, qu'il n'y a qu'un seul sacrifice pour le péché ? » A ce même moment, il est arrêté et jeté en prison. Il y reste trois mois. Appelé devant ses juges, il avoue le crime dont il est accusé. « — Ignorez-vous donc que vous méritez les galères ? » lui demanda le président. « — Je le sais, mais peu m'importe. N'y aura-t-il pas là des compagnons à qui je pourrai parler de l'amour de Jésus ? Fussé-je seul, j'en parlerai à mon geôlier. » Et là-dessus, il exhorte ses juges à se convertir.

Les juges après avoir délibéré, déclarent que Manuel Léon a perdu le sens, et en conséquence le renvoient absous.

L'évangéliste poursuit son humble et belle carrière. Quelques années après, il est arrêté de nouveau et jeté sur la paille d'un cachot. On lui offre un avocat : — « La grâce de Dieu me suffit, dit-il. Il m'appelle à le glorifier dans la souffrance. Il pourra me délivrer quand il le trouvera bon. » On le relâcha sans jugement, après sept mois de détention.

La méditation et la prière lui ont donné une ardeur nouvelle. L'année suivante, on l'arrête de rechef. Cette fois, il n'est rendu à la liberté qu'épuisé, brisé, mourant... et bientôt calme, heureux, triomphant, il rend le dernier soupir chez sa sœur qui l'avait recueilli, Léon, *el profeta*, le prophète.... comme l'appelaient ses amis, — *el loco*, le fou, comme on l'appelait dans le monde, n'avait en apparence rien de distingué. Il était sérieux, peu expansif ; mais sa parole, profondément convaincue, faisait autorité. En lui Dieu a montré que les choses faibles de ce monde confondent les fortes. C'était un riche diamant qu'aucune main d'homme n'a taillé, mais qui brillera de tout son éclat dans le royaume de Dieu.

MARGARITA BARÉA était aimée et vénérée de tous ceux qui l'ont connue. Son nom est en bénédiction à Cadix. Dénoncée par un faux frère, elle fut arrêtée et elle mourut en 1865, à l'âge de soixante-quinze ans, à la suite des émotions pénibles que lui fit éprouver une détention de plusieurs mois. Son crime, c'était la distribution de cette Parole qui, au moment où les ombres du soir s'étendaient sur elle, l'avait inondée de paix, de joie, d'espérance ! Elle est tombée, non loin du jeune et vigoureux Léon, brisée, elle aussi, par la souffrance ; mais sur ses cheveux blancs, c'est le Sauveur qui a posé sa main puissante et tendre, et bientôt il l'ornera de la couronne de gloire !

Salut à ces témoins de Jésus ! Ils étaient là naguère près de nous, et par leur sainteté et leur humilité ils semblaient faire revivre les martyrs des anciens jours. Ils ont passé, mais ils vivent, ils parlent encore par leur foi. Bien plus, ils sont à l'œuvre aujourd'hui même. Calderon, le pauvre proscrit, l'humble Margarita Baréa, ce Manuel Léon qui vivait de pain et de fromage et qui, lorsqu'il avait travaillé quelques jours, aussi longtemps qu'il lui restait un peu d'argent pour couvrir ses frais d'entretien, allait de maison en maison pour lire la Bible et répandre les Écritures, tous ces fidèles serviteurs ont engendré des Églises pour leur patrie. Ils continueront leur œuvre dans l'avenir, sous le souffle créateur de l'Esprit. Pour nous en convaincre, ouvrons une carte d'Espagne.

La voici, la fière patrie d'Ignace de Loyola. Elle est entourée de mers qui l'isolent, et, pour rester inaccessible de tous les côtés, sur la frontière de terre, elle a étendu une chaîne de hautes montagnes qui la séparent du continent. Ainsi gardée, elle demeurera pour toujours à l'abri de la contagion de l'erreur ; l'hérésie viendra mourir sur ses plages avec les flots expirants de l'Océan et de la Méditerranée. Qu'elle soit donc la forteresse inexpugnable du catholicisme, et que dans chaque Espagnol Rome compte un soldat ! Vaines précautions ! La vérité ne lui viendra pas du dehors, mais des pierres mêmes de son sol ; Dieu fera naître, par l'action de son Évangile, les prédicateurs de la justice. Ceux-là en prison, persécutés, suspects, ont prié. La prière, voilà la puissance qui transporte les montagnes. La brèche a été faite ; de tous les points de l'Europe les chrétiens ont accouru, et maintenant, soutenues par des missions anglaises, allemandes, suisses, américaines, cinquante-cinq

Églises s'élèvent pour être les prémices de la moisson.

Nous indiquerons les principales stations de cette activité missionnaire dont les trois centres les plus importants sont Madrid, Séville et Barcelone, ces deux dernières villes étant subordonnées à Madrid. Madrid compte six églises situées rue Madera Barja, rue Leganitos, rue Calatrava, quartier Penuelas, quartier Chamberri et rue Cabeza.

Séville possède quatre lieux de culte. Deux sont situés dans le quartier le plus élégant de la ville ; ce sont l'Assomption, ancienne et belle église catholique, et la sainte Trinité, magnifique édifice qui appartenait autrefois aux Jésuites et qui peut contenir deux mille auditeurs. Les deux autres temples sont saint Bazile et une chapelle dans un quartier sur l'autre rive du Guadalquivir. Tous deux étaient consacrés au culte catholique. Qu'il nous soit permis de rappeler un fait qui rendra plus saisissants les progrès déjà accomplis.

En 1844, un Anglais, employé dans une fabrique de porcelaine, mourut à Séville. Il n'y avait pas de pasteur, personne auprès de lui pour veiller à ce qu'il reçût une sépulture convenable, et on se préparait à traiter son corps comme les restes d'un criminel, lorsqu'un de ses compatriotes, le major L. et un ami du major, monsieur d'A., tous deux de passage à Séville, furent informés de cette douloureuse circonstance. Ces messieurs firent aussitôt les démarches les plus pressantes et les plus actives ; mais, malgré leur influence et leur haute position sociale, la seule concession qu'ils purent obtenir fut d'enterrer eux-mêmes le pauvre hérétique dans le jardin de la fabrique, et encore durent-ils assurer que le corps ne tarderait pas à être ramené par la famille en Angleterre.

A l'ouest de Séville, Huelva possède une église. Au nord d'Huelva dans les montagnes, deux évangélistes sont à l'œuvre, à Tarsis et à Rio Tinto.

Au sud de Séville, mentionnons Utrera, Xérès de la Frontera, où travaille D. Rafaël Blanco, le demi-frère de Matamoros, Puerta Santa Maria, San Fernando et Cadix. Ces villes ont des écoles et des chapelles élégantes.

A l'est de Séville nous trouvons des églises à Cordoue, Grenade, Malaga, puis à Ignatoraf, petit village dans la montagne. L'origine de cette dernière église est intéressante. Un colporteur avait laissé en passant un Evangile à un homme du village. Cet homme le lut, et son changement fut si extraordinaire, que ses voisins le remarquèrent, l'interrogèrent et peu à peu se groupèrent pour former une congrégation.

Sur les côtes de la Méditerranée, les principales sont : Carthagène, dont le pasteur actuel est un ancien moine ; Trévillente, où évangélise un jeune homme qui a été élevé dans l'école de Madera Barja, à Madrid ; Alcoy, ville de fabriques, située entre Alicante et Valence.

Dans les Iles Baléares, à Palma et à Mahon, les méthodistes d'Angleterre ont des missions d'où ils rayonnent sur différents points de Majorque.

Nous examinerons maintenant l'œuvre dans son troisième centre de mission, à Barcelone. Cette ville a le privilége de compter des chrétiens qui travaillent avec ardeur à répandre la Parole jusque dans la classe la plus infime de la société, et, grâce à leur fidélité, le nom de protestant commence à être connu avec honneur parmi le peuple. Elle possède quatre églises et elle étend son activité à Monistrol, San Vicente, Villafranca del Panades.

Au nord de Barcelone, à Gérone, deux jeunes gens s'occupent du colportage et évangélisent. Hospitales, Cornella, Reus et Ignalada ont également des stations.

Après Barcelone, comme centre d'une certaine importance, nous devons placer Saragosse, où la Société des Missions étrangères américaines est à l'œuvre et rayonne de Saragosse jusqu'à Huesca, Pampelune et Valladolid, dont l'église est régulièrement constituée.

Une mission vient d'être récemment établie à Salamanque.

Enfin les villes qui suivent ont des évangélistes et des colporteurs. Ce sont : Camunas, Tolède, Léon, Bilbao, Santander, Oviedo, Ferrol, Coruña et Vigo.

Tous les postes que nous venons d'énumérer, ou au moins presque tous, ont des écoles de garçons et de filles, et souvent des salles d'asile.

La Société biblique de Londres emploie en Espagne vingt colporteurs, celle d'Ecosse vingt-deux, et elle a placé à Barcelone une voiture biblique qui visite les villages de la Catalogne, et qui entreprend quelquefois de véritables voyages à travers la Péninsule.

Les stations ont vingt-six pasteurs, dont douze sont d'anciens prêtres convertis, et soixante-douze instituteurs et institutrices. Les églises de Chamberri et de Calatrava, à Madrid, soutiennent des orphelinats et même un petit hôpital.

Il se publie en Espagne trois journaux religieux protestants : *El Cristiano* dont le tirage est de 1500 numéros par semaine ; *La Luz*, 500 numéros tous les quinze jours ; *Aurora de la Minez*, 2000 par mois ; et une revue mensuelle, *la Revista Cristiana*. Deux autres journaux paraissaient récemment encore à Barcelone, *Aurora de Gracia* et *Estrella de Gracia*. La Société des Traités de Londres édite des publications populaires en espagnol, mais elle n'est pas l'unique source qui produise des ouvrages évangéliques pour l'Espagne ; un certain nombre émanent des pasteurs et de chrétiens fidèles, et sont ensuite distribués par les colporteurs et les évangélistes, quelquefois même par les membres de l'Église.

Nous voudrions que notre notice sur l'évangélisation de l'Espagne fût moins incomplète ; nous voudrions que l'énumération des Eglises espagnoles fût si longue, qu'il y fallût tout un volume. Au lieu de quelques points lumineux, combien nous souhaiterions que l'Espagne fût transformée en un vaste et intense foyer de vie spirituelle ! Mais que l'on regarde en arrière : que l'on se rappelle la barque où Calderon fuyait sous la protection d'une contrebandière, la prison de Manuel Léon et de Margarita Baréa, et l'on prendra courage, on ne doutera plus de l'avenir. La sanglante martyre de la sainte Hermandad, la grande victime de Philippe II, a entendu la voix qui lui crie, comme autrefois à Sion, par la bouche du prophète : « Lève-toi et t'assieds ; délie les liens de ton cou, ô toi qui étais captive ! » Elle secoue ses chaînes et veut être déliée. Le Seigneur achèvera sa délivrance quand les temps seront proches, et d'Espagne, comme de toutes les autres contrées du globe, nous savons qu'une grande multitude sera enlevée au-devant du Seigneur, au jour glorieux de sa venue. Parmi ceux-là, ne seront-ils pas au premier rang, les plus empressés à s'élancer sur le sein du Sauveur, dans l'ineffable lumière, ces courageux précurseurs dont nous venons d'esquisser les vies ?

L'évangélisation de l'Espagne est leur œuvre, la conversion de l'Espagne sera leur couronne de gloire. On peut leur appliquer les paroles du cantique :

Ce sont des rois, jadis pauvres esclaves,
Dont Jésus-Christ a fait tomber les fers.
Libres enfin de leurs entraves,
Ils vont régner sur l'univers.

Ah ! puissent tous ceux qui sont appelés à leur succéder, puissions-nous tous ne servir la plus sainte des causes que dans un esprit aussi chrétien et par des moyens aussi purs !

FIN

TABLE DES MATIÈRES

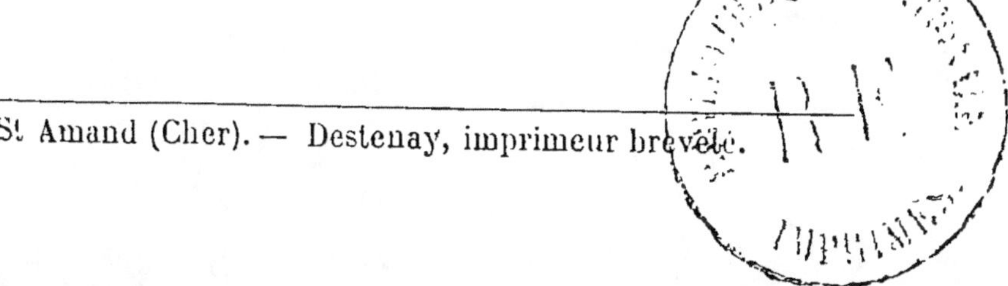

St Amand (Cher). — Destenay, imprimeur breveté.

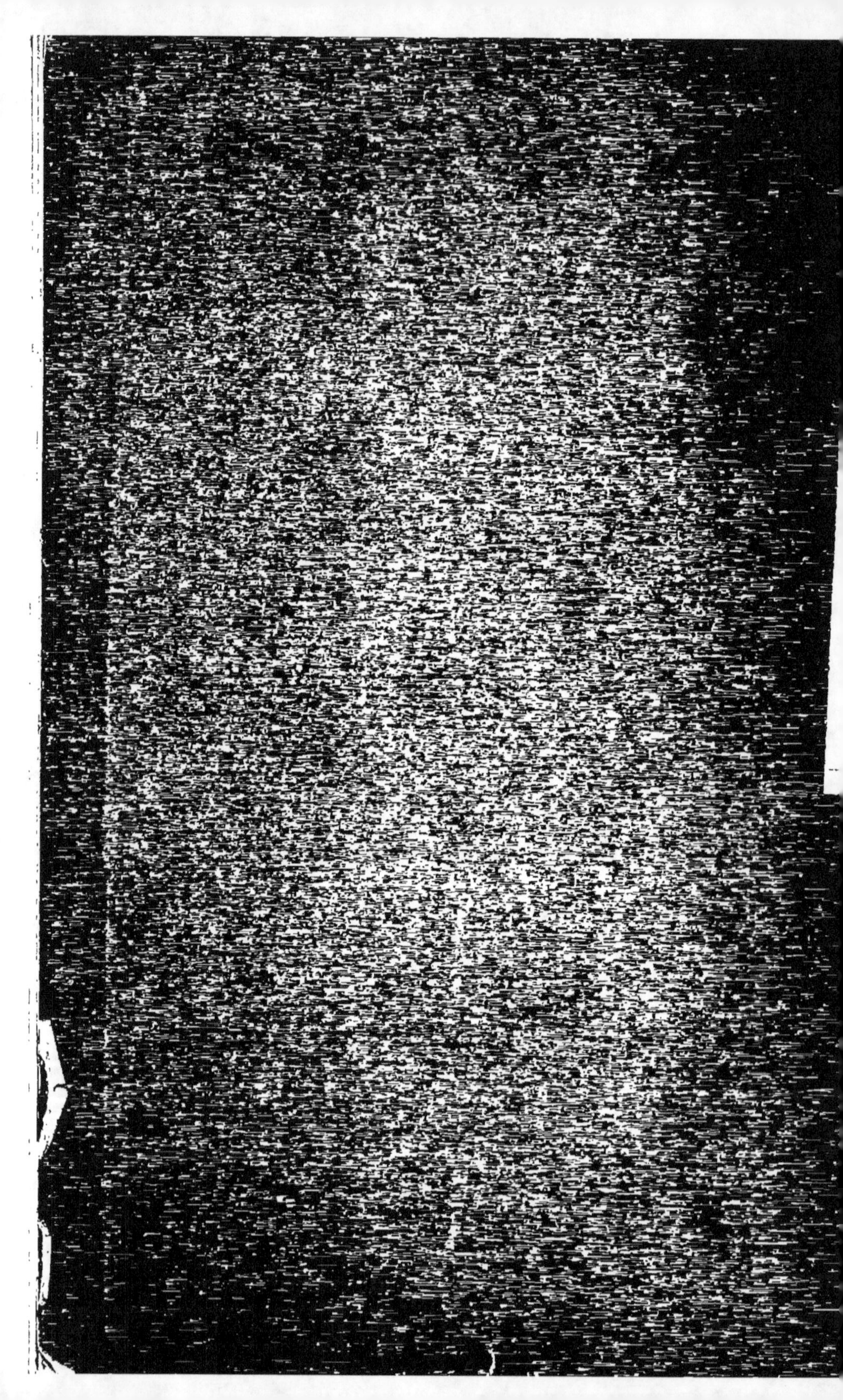

www.ingramcontent.com/pod-product-compliance
Lightning Source LLC
Chambersburg PA
CBHW061416060726
47597CB00003B/1065